SUN   MON   TUE   WED   THU   FRI   SAT

JAN | FEB | MAR | APR | MAY | JUN | JUL | AUG | SEP | OCT | NOV | DEC

1 2 3 4 5 6 7 8 9 10 11 12 13 14 15 16 17 18 19 20 21 22 23 24 25 26 27 28 29 30 31

MEETING TOPIC:

ACTION ITEMS: **NOTES:**

I0462327

SUN   MON   TUE   WED   THU   FRI   SAT

JAN | FEB | MAR | APR | MAY | JUN | JUL | AUG | SEP | OCT | NOV | DEC

1   2   3   4   5   6   7   8   9   10   11   12   13   14   15   16   17   18   19   20   21   22   23   24   25   26   27   28   29   30   31

MEETING TOPIC:

ACTION ITEMS: **NOTES:**

A	B	C	D	E	F	G	H	I	J	K	L	M	N	O	P	Q	R	S	T	U	V	W	X	Y	Z
			J			V	Q					B	N					G							

M __ __ G __ __ __ __ M __ __ __ __ T __ T __ T H __ __ __ __ __ __ __ __ __ N D
B U   V E F M   B F A D   H G   G E   G Q D   Z D D A D N J

SUN   MON   TUE   WED   THU   FRI   SAT

JAN | FEB | MAR | APR | MAY | JUN | JUL | AUG | SEP | OCT | NOV | DEC

1 2 3 4 5 6 7 8 9 10 11 12 13 14 15 16 17 18 19 20 21 22 23 24 25 26 27 28 29 30 31

MEETING TOPIC:

ACTION ITEMS: **NOTES:**

SUN   MON   TUE   WED   THU   FRI   SAT

JAN | FEB | MAR | APR | MAY | JUN | JUL | AUG | SEP | OCT | NOV | DEC

1 2 3 4 5 6 7 8 9 10 11 12 13 14 15 16 17 18 19 20 21 22 23 24 25 26 27 28 29 30 31

MEETING TOPIC:

ACTION ITEMS: **NOTES:**

SUN MON TUE WED THU FRI SAT

JAN | FEB | MAR | APR | MAY | JUN | JUL | AUG | SEP | OCT | NOV | DEC

1 2 3 4 5 6 7 8 9 10 11 12 13 14 15 16 17 18 19 20 21 22 23 24 25 26 27 28 29 30 31

MEETING TOPIC:

ACTION ITEMS: **NOTES:**

SUN   MON   TUE   WED   THU   FRI   SAT

JAN | FEB | MAR | APR | MAY | JUN | JUL | AUG | SEP | OCT | NOV | DEC

1 2 3 4 5 6 7 8 9 10 11 12 13 14 15 16 17 18 19 20 21 22 23 24 25 26 27 28 29 30 31

MEETING TOPIC:

ACTION ITEMS: | **NOTES:**

SUN   MON   TUE   WED   THU   FRI   SAT

JAN | FEB | MAR | APR | MAY | JUN | JUL | AUG | SEP | OCT | NOV | DEC

1 2 3 4 5 6 7 8 9 10 11 12 13 14 15 16 17 18 19 20 21 22 23 24 25 26 27 28 29 30 31

MEETING TOPIC:

ACTION ITEMS:	**NOTES:**

| SUN | MON | TUE | WED | THU | FRI | SAT |

JAN | FEB | MAR | APR | MAY | JUN | JUL | AUG | SEP | OCT | NOV | DEC

1 2 3 4 5 6 7 8 9 10 11 12 13 14 15 16 17 18 19 20 21 22 23 24 25 26 27 28 29 30 31

MEETING TOPIC:

ACTION ITEMS: **NOTES:**

SUN   MON   TUE   WED   THU   FRI   SAT

JAN | FEB | MAR | APR | MAY | JUN | JUL | AUG | SEP | OCT | NOV | DEC

1 2 3 4 5 6 7 8 9 10 11 12 13 14 15 16 17 18 19 20 21 22 23 24 25 26 27 28 29 30 31

MEETING TOPIC:

ACTION ITEMS:	NOTES:

SUN   MON   TUE   WED   THU   FRI   SAT

JAN | FEB | MAR | APR | MAY | JUN | JUL | AUG | SEP | OCT | NOV | DEC

1 2 3 4 5 6 7 8 9 10 11 12 13 14 15 16 17 18 19 20 21 22 23 24 25 26 27 28 29 30 31

MEETING TOPIC:

ACTION ITEMS:	**NOTES:**

| | SUN | MON | TUE | WED | THU | FRI | SAT |

JAN | FEB | MAR | APR | MAY | JUN | JUL | AUG | SEP | OCT | NOV | DEC

1 2 3 4 5 6 7 8 9 10 11 12 13 14 15 16 17 18 19 20 21 22 23 24 25 26 27 28 29 30 31

MEETING TOPIC:

ACTION ITEMS: | **NOTES:**

SUN   MON   TUE   WED   THU   FRI   SAT

JAN | FEB | MAR | APR | MAY | JUN | JUL | AUG | SEP | OCT | NOV | DEC

1 2 3 4 5 6 7 8 9 10 11 12 13 14 15 16 17 18 19 20 21 22 23 24 25 26 27 28 29 30 31

MEETING TOPIC:

ACTION ITEMS: **NOTES:**

SUN   MON   TUE   WED   THU   FRI   SAT

JAN | FEB | MAR | APR | MAY | JUN | JUL | AUG | SEP | OCT | NOV | DEC

1 2 3 4 5 6 7 8 9 10 11 12 13 14 15 16 17 18 19 20 21 22 23 24 25 26 27 28 29 30 31

MEETING TOPIC:

ACTION ITEMS: **NOTES:**

SUN   MON   TUE   WED   THU   FRI   SAT

JAN | FEB | MAR | APR | MAY | JUN | JUL | AUG | SEP | OCT | NOV | DEC

1 2 3 4 5 6 7 8 9 10 11 12 13 14 15 16 17 18 19 20 21 22 23 24 25 26 27 28 29 30 31

MEETING TOPIC:

ACTION ITEMS: **NOTES:**

SUN   MON   TUE   WED   THU   FRI   SAT

JAN | FEB | MAR | APR | MAY | JUN | JUL | AUG | SEP | OCT | NOV | DEC

1 2 3 4 5 6 7 8 9 10 11 12 13 14 15 16 17 18 19 20 21 22 23 24 25 26 27 28 29 30 31

MEETING TOPIC:

ACTION ITEMS: NOTES:

SUN   MON   TUE   WED   THU   FRI   SAT

JAN | FEB | MAR | APR | MAY | JUN | JUL | AUG | SEP | OCT | NOV | DEC

1 2 3 4 5 6 7 8 9 10 11 12 13 14 15 16 17 18 19 20 21 22 23 24 25 26 27 28 29 30 31

MEETING TOPIC:

ACTION ITEMS: **NOTES:**

MEETING TOPIC:

ACTION ITEMS:	NOTES:

	+		4
+	■	-	
	-		-2
3		-1	

Try to fill in the missing numbers.

Use the numbers 1 through 4 to complete the equations.

Each number is only used once.
Each row is a math equation. Work from left to right.
Each column is a math equation. Work from top to bottom.

SUN   MON   TUE   WED   THU   FRI   SAT

JAN | FEB | MAR | APR | MAY | JUN | JUL | AUG | SEP | OCT | NOV | DEC

1 2 3 4 5 6 7 8 9 10 11 12 13 14 15 16 17 18 19 20 21 22 23 24 25 26 27 28 29 30 31

MEETING TOPIC:

ACTION ITEMS:	**NOTES:**

SUN   MON   TUE   WED   THU   FRI   SAT

JAN | FEB | MAR | APR | MAY | JUN | JUL | AUG | SEP | OCT | NOV | DEC

1 2 3 4 5 6 7 8 9 10 11 12 13 14 15 16 17 18 19 20 21 22 23 24 25 26 27 28 29 30 31

MEETING TOPIC:

ACTION ITEMS: | **NOTES:**

SUN	MON	TUE	WED	THU	FRI	SAT

JAN | FEB | MAR | APR | MAY | JUN | JUL | AUG | SEP | OCT | NOV | DEC

1 2 3 4 5 6 7 8 9 10 11 12 13 14 15 16 17 18 19 20 21 22 23 24 25 26 27 28 29 30 31

MEETING TOPIC:

ACTION ITEMS:	NOTES:

SUN   MON   TUE   WED   THU   FRI   SAT

JAN | FEB | MAR | APR | MAY | JUN | JUL | AUG | SEP | OCT | NOV | DEC

1 2 3 4 5 6 7 8 9 10 11 12 13 14 15 16 17 18 19 20 21 22 23 24 25 26 27 28 29 30 31

MEETING TOPIC:

ACTION ITEMS: **NOTES:**

SUN   MON   TUE   WED   THU   FRI   SAT

JAN | FEB | MAR | APR | MAY | JUN | JUL | AUG | SEP | OCT | NOV | DEC

1 2 3 4 5 6 7 8 9 10 11 12 13 14 15 16 17 18 19 20 21 22 23 24 25 26 27 28 29 30 31

MEETING TOPIC:

ACTION ITEMS:	**NOTES:**

SUN   MON   TUE   WED   THU   FRI   SAT

JAN | FEB | MAR | APR | MAY | JUN | JUL | AUG | SEP | OCT | NOV | DEC

1 2 3 4 5 6 7 8 9 10 11 12 13 14 15 16 17 18 19 20 21 22 23 24 25 26 27 28 29 30 31

MEETING TOPIC:

ACTION ITEMS: NOTES:

SUN   MON   TUE   WED   THU   FRI   SAT

JAN | FEB | MAR | APR | MAY | JUN | JUL | AUG | SEP | OCT | NOV | DEC

1 2 3 4 5 6 7 8 9 10 11 12 13 14 15 16 17 18 19 20 21 22 23 24 25 26 27 28 29 30 31

MEETING TOPIC:

ACTION ITEMS:	NOTES:

"THERE IS NO CONVERSATION MORE BORING THAN THE ONE WHERE EVERYBODY AGREES."
- MICHEL DE MONTAIGNE

SUN   MON   TUE   WED   THU   FRI   SAT

JAN | FEB | MAR | APR | MAY | JUN | JUL | AUG | SEP | OCT | NOV | DEC

1 2 3 4 5 6 7 8 9 10 11 12 13 14 15 16 17 18 19 20 21 22 23 24 25 26 27 28 29 30 31

MEETING TOPIC:

ACTION ITEMS:	**NOTES:**

SUN   MON   TUE   WED   THU   FRI   SAT

JAN | FEB | MAR | APR | MAY | JUN | JUL | AUG | SEP | OCT | NOV | DEC

1 2 3 4 5 6 7 8 9 10 11 12 13 14 15 16 17 18 19 20 21 22 23 24 25 26 27 28 29 30 31

MEETING TOPIC:

ACTION ITEMS: **NOTES:**

SUN   MON   TUE   WED   THU   FRI   SAT

JAN | FEB | MAR | APR | MAY | JUN | JUL | AUG | SEP | OCT | NOV | DEC

1 2 3 4 5 6 7 8 9 10 11 12 13 14 15 16 17 18 19 20 21 22 23 24 25 26 27 28 29 30 31

MEETING TOPIC:

ACTION ITEMS: | **NOTES:**

JAN | FEB | MAR | APR | MAY | JUN | JUL | AUG | SEP | OCT | NOV | DEC

1 2 3 4 5 6 7 8 9 10 11 12 13 14 15 16 17 18 19 20 21 22 23 24 25 26 27 28 29 30 31

MEETING TOPIC:

ACTION ITEMS: | **NOTES:**

A	B	C	D	E	F	G	H	I	J	K	L	M	N	O	P	Q	R	S	T	U	V	W	X	Y	Z
	U					A	J					D	N												

```
B  _  _  _  N  _  _  _      _  G  B  _  _  N  G  H  _  M      _  H
U  K  C  P  N  B  C  C      M  P  A  U  T  P  N  A  C  J  I  D  B  R  J  B

        B  _  _  N
        U  X  O  I  N
```

SUN   MON   TUE   WED   THU   FRI   SAT

JAN | FEB | MAR | APR | MAY | JUN | JUL | AUG | SEP | OCT | NOV | DEC

1 2 3 4 5 6 7 8 9 10 11 12 13 14 15 16 17 18 19 20 21 22 23 24 25 26 27 28 29 30 31

MEETING TOPIC:

ACTION ITEMS:	NOTES:

SUN   MON   TUE   WED   THU   FRI   SAT

JAN | FEB | MAR | APR | MAY | JUN | JUL | AUG | SEP | OCT | NOV | DEC

1 2 3 4 5 6 7 8 9 10 11 12 13 14 15 16 17 18 19 20 21 22 23 24 25 26 27 28 29 30 31

MEETING TOPIC:

ACTION ITEMS: **NOTES:**

SUN   MON   TUE   WED   THU   FRI   SAT

JAN | FEB | MAR | APR | MAY | JUN | JUL | AUG | SEP | OCT | NOV | DEC

1 2 3 4 5 6 7 8 9 10 11 12 13 14 15 16 17 18 19 20 21 22 23 24 25 26 27 28 29 30 31

MEETING TOPIC:

ACTION ITEMS:	NOTES:

SUN   MON   TUE   WED   THU   FRI   SAT

JAN | FEB | MAR | APR | MAY | JUN | JUL | AUG | SEP | OCT | NOV | DEC

1 2 3 4 5 6 7 8 9 10 11 12 13 14 15 16 17 18 19 20 21 22 23 24 25 26 27 28 29 30 31

MEETING TOPIC:

ACTION ITEMS: | **NOTES:**

SUN   MON   TUE   WED   THU   FRI   SAT

JAN | FEB | MAR | APR | MAY | JUN | JUL | AUG | SEP | OCT | NOV | DEC

1 2 3 4 5 6 7 8 9 10 11 12 13 14 15 16 17 18 19 20 21 22 23 24 25 26 27 28 29 30 31

MEETING TOPIC:

ACTION ITEMS: **NOTES:**

SUN   MON   TUE   WED   THU   FRI   SAT

JAN | FEB | MAR | APR | MAY | JUN | JUL | AUG | SEP | OCT | NOV | DEC

1 2 3 4 5 6 7 8 9 10 11 12 13 14 15 16 17 18 19 20 21 22 23 24 25 26 27 28 29 30 31

MEETING TOPIC:

ACTION ITEMS: **NOTES:**

SUN	MON	TUE	WED	THU	FRI	SAT

JAN | FEB | MAR | APR | MAY | JUN | JUL | AUG | SEP | OCT | NOV | DEC

1 2 3 4 5 6 7 8 9 10 11 12 13 14 15 16 17 18 19 20 21 22 23 24 25 26 27 28 29 30 31

MEETING TOPIC:

ACTION ITEMS:	NOTES:

TH	CH	AIR	THE	PA	IS	OF	MY
MES	ETI	TH	AT	EST	E B	IVE	SW
SOM	JOB	LS	RT

Unscramble the tiles to reveal a message.

SUN   MON   TUE   WED   THU   FRI   SAT

JAN | FEB | MAR | APR | MAY | JUN | JUL | AUG | SEP | OCT | NOV | DEC

1 2 3 4 5 6 7 8 9 10 11 12 13 14 15 16 17 18 19 20 21 22 23 24 25 26 27 28 29 30 31

MEETING TOPIC:

ACTION ITEMS: | **NOTES:**

SUN   MON   TUE   WED   THU   FRI   SAT

JAN | FEB | MAR | APR | MAY | JUN | JUL | AUG | SEP | OCT | NOV | DEC

1 2 3 4 5 6 7 8 9 10 11 12 13 14 15 16 17 18 19 20 21 22 23 24 25 26 27 28 29 30 31

MEETING TOPIC:

ACTION ITEMS: | **NOTES:**

SUN   MON   TUE   WED   THU   FRI   SAT

JAN | FEB | MAR | APR | MAY | JUN | JUL | AUG | SEP | OCT | NOV | DEC

1 2 3 4 5 6 7 8 9 10 11 12 13 14 15 16 17 18 19 20 21 22 23 24 25 26 27 28 29 30 31

MEETING TOPIC:

ACTION ITEMS: **NOTES:**

SUN   MON   TUE   WED   THU   FRI   SAT

JAN | FEB | MAR | APR | MAY | JUN | JUL | AUG | SEP | OCT | NOV | DEC

1 2 3 4 5 6 7 8 9 10 11 12 13 14 15 16 17 18 19 20 21 22 23 24 25 26 27 28 29 30 31

MEETING TOPIC:

ACTION ITEMS: | **NOTES:**

SUN   MON   TUE   WED   THU   FRI   SAT

JAN | FEB | MAR | APR | MAY | JUN | JUL | AUG | SEP | OCT | NOV | DEC

1 2 3 4 5 6 7 8 9 10 11 12 13 14 15 16 17 18 19 20 21 22 23 24 25 26 27 28 29 30 31

MEETING TOPIC:

ACTION ITEMS:	**NOTES:**

SUN   MON   TUE   WED   THU   FRI   SAT

JAN | FEB | MAR | APR | MAY | JUN | JUL | AUG | SEP | OCT | NOV | DEC

1 2 3 4 5 6 7 8 9 10 11 12 13 14 15 16 17 18 19 20 21 22 23 24 25 26 27 28 29 30 31

MEETING TOPIC:

ACTION ITEMS: **NOTES:**

SUN MON TUE WED THU FRI SAT

JAN | FEB | MAR | APR | MAY | JUN | JUL | AUG | SEP | OCT | NOV | DEC

1 2 3 4 5 6 7 8 9 10 11 12 13 14 15 16 17 18 19 20 21 22 23 24 25 26 27 28 29 30 31

MEETING TOPIC:

ACTION ITEMS:

NOTES:

SUN   MON   TUE   WED   THU   FRI   SAT

JAN | FEB | MAR | APR | MAY | JUN | JUL | AUG | SEP | OCT | NOV | DEC

1 2 3 4 5 6 7 8 9 10 11 12 13 14 15 16 17 18 19 20 21 22 23 24 25 26 27 28 29 30 31

MEETING TOPIC:

ACTION ITEMS: **NOTES:**

EARL, I'VE ALWAYS FELT A NEW EMPLOYEE CANT
DEVELOP HIS TALENTS AND CAPABILITIES IN AN
ATMOSPHERE OF FAULTFINDING AND DISAPPROVAL.
THATS WHY I'M FIRING YOU WITHOUT EVER HAVING
SPOKEN TO YOU ABOUT YOUR PERFORMANCE.

by Roddy Thorleifson   no rights reserved

SUN   MON   TUE   WED   THU   FRI   SAT

JAN | FEB | MAR | APR | MAY | JUN | JUL | AUG | SEP | OCT | NOV | DEC

1 2 3 4 5 6 7 8 9 10 11 12 13 14 15 16 17 18 19 20 21 22 23 24 25 26 27 28 29 30 31

MEETING TOPIC:

ACTION ITEMS: **NOTES:**

SUN   MON   TUE   WED   THU   FRI   SAT

JAN | FEB | MAR | APR | MAY | JUN | JUL | AUG | SEP | OCT | NOV | DEC

1 2 3 4 5 6 7 8 9 10 11 12 13 14 15 16 17 18 19 20 21 22 23 24 25 26 27 28 29 30 31

MEETING TOPIC:

ACTION ITEMS:	NOTES:

SUN   MON   TUE   WED   THU   FRI   SAT

JAN | FEB | MAR | APR | MAY | JUN | JUL | AUG | SEP | OCT | NOV | DEC

1 2 3 4 5 6 7 8 9 10 11 12 13 14 15 16 17 18 19 20 21 22 23 24 25 26 27 28 29 30 31

MEETING TOPIC:

ACTION ITEMS:

NOTES:

SUN   MON   TUE   WED   THU   FRI   SAT

JAN | FEB | MAR | APR | MAY | JUN | JUL | AUG | SEP | OCT | NOV | DEC

1 2 3 4 5 6 7 8 9 10 11 12 13 14 15 16 17 18 19 20 21 22 23 24 25 26 27 28 29 30 31

MEETING TOPIC:

ACTION ITEMS: | **NOTES:**

SUN   MON   TUE   WED   THU   FRI   SAT

JAN | FEB | MAR | APR | MAY | JUN | JUL | AUG | SEP | OCT | NOV | DEC

1 2 3 4 5 6 7 8 9 10 11 12 13 14 15 16 17 18 19 20 21 22 23 24 25 26 27 28 29 30 31

MEETING TOPIC:

ACTION ITEMS: **NOTES:**

SUN   MON   TUE   WED   THU   FRI   SAT

JAN | FEB | MAR | APR | MAY | JUN | JUL | AUG | SEP | OCT | NOV | DEC

1 2 3 4 5 6 7 8 9 10 11 12 13 14 15 16 17 18 19 20 21 22 23 24 25 26 27 28 29 30 31

MEETING TOPIC:

ACTION ITEMS: | **NOTES:**

	SUN	MON	TUE	WED	THU	FRI	SAT

JAN | FEB | MAR | APR | MAY | JUN | JUL | AUG | SEP | OCT | NOV | DEC

1 2 3 4 5 6 7 8 9 10 11 12 13 14 15 16 17 18 19 20 21 22 23 24 25 26 27 28 29 30 31

MEETING TOPIC:

ACTION ITEMS:

NOTES:

	SUN	MON	TUE	WED	THU	FRI	SAT

JAN | FEB | MAR | APR | MAY | JUN | JUL | AUG | SEP | OCT | NOV | DEC

1 2 3 4 5 6 7 8 9 10 11 12 13 14 15 16 17 18 19 20 21 22 23 24 25 26 27 28 29 30 31

MEETING TOPIC:

ACTION ITEMS: **NOTES:**

SUN   MON   TUE   WED   THU   FRI   SAT

JAN | FEB | MAR | APR | MAY | JUN | JUL | AUG | SEP | OCT | NOV | DEC

1 2 3 4 5 6 7 8 9 10 11 12 13 14 15 16 17 18 19 20 21 22 23 24 25 26 27 28 29 30 31

MEETING TOPIC:

ACTION ITEMS:	NOTES:

SUN   MON   TUE   WED   THU   FRI   SAT

JAN | FEB | MAR | APR | MAY | JUN | JUL | AUG | SEP | OCT | NOV | DEC

1 2 3 4 5 6 7 8 9 10 11 12 13 14 15 16 17 18 19 20 21 22 23 24 25 26 27 28 29 30 31

MEETING TOPIC:

ACTION ITEMS: | **NOTES:**

SUN　MON　TUE　WED　THU　FRI　SAT

JAN | FEB | MAR | APR | MAY | JUN | JUL | AUG | SEP | OCT | NOV | DEC

1 2 3 4 5 6 7 8 9 10 11 12 13 14 15 16 17 18 19 20 21 22 23 24 25 26 27 28 29 30 31

MEETING TOPIC:

ACTION ITEMS:

NOTES:

SUN   MON TUE WED THU FRI SAT

JAN | FEB | MAR | APR | MAY | JUN | JUL | AUG | SEP | OCT | NOV | DEC

1 2 3 4 5 6 7 8 9 10 11 12 13 14 15 16 17 18 19 20 21 22 23 24 25 26 27 28 29 30 31

MEETING TOPIC:

ACTION ITEMS: **NOTES:**

WISE INVESTMENT REQUIRES KNOWLEDGE. HERE'S A COUPLE OF GOOD BOOKS YOU SHOULD READ.

THE BOOM OF '15

THE CRASH OF '15

SUN   MON   TUE   WED   THU   FRI   SAT

JAN | FEB | MAR | APR | MAY | JUN | JUL | AUG | SEP | OCT | NOV | DEC

1 2 3 4 5 6 7 8 9 10 11 12 13 14 15 16 17 18 19 20 21 22 23 24 25 26 27 28 29 30 31

MEETING TOPIC:

ACTION ITEMS:	NOTES:

SUN   MON   TUE   WED   THU   FRI   SAT

JAN | FEB | MAR | APR | MAY | JUN | JUL | AUG | SEP | OCT | NOV | DEC

1 2 3 4 5 6 7 8 9 10 11 12 13 14 15 16 17 18 19 20 21 22 23 24 25 26 27 28 29 30 31

MEETING TOPIC:

ACTION ITEMS: **NOTES:**

SUN   MON   TUE   WED   THU   FRI   SAT

JAN | FEB | MAR | APR | MAY | JUN | JUL | AUG | SEP | OCT | NOV | DEC

1 2 3 4 5 6 7 8 9 10 11 12 13 14 15 16 17 18 19 20 21 22 23 24 25 26 27 28 29 30 31

MEETING TOPIC:

ACTION ITEMS: | **NOTES:**

	SUN	MON	TUE	WED	THU	FRI	SAT

JAN | FEB | MAR | APR | MAY | JUN | JUL | AUG | SEP | OCT | NOV | DEC

1 2 3 4 5 6 7 8 9 10 11 12 13 14 15 16 17 18 19 20 21 22 23 24 25 26 27 28 29 30 31

MEETING TOPIC:

ACTION ITEMS: **NOTES:**

JAN | FEB | MAR | APR | MAY | JUN | JUL | AUG | SEP | OCT | NOV | DEC

1 2 3 4 5 6 7 8 9 10 11 12 13 14 15 16 17 18 19 20 21 22 23 24 25 26 27 28 29 30 31

MEETING TOPIC:

ACTION ITEMS:

NOTES:

SUN   MON   TUE   WED   THU   FRI   SAT

JAN | FEB | MAR | APR | MAY | JUN | JUL | AUG | SEP | OCT | NOV | DEC

1 2 3 4 5 6 7 8 9 10 11 12 13 14 15 16 17 18 19 20 21 22 23 24 25 26 27 28 29 30 31

MEETING TOPIC:

ACTION ITEMS:

NOTES:

SUN   MON TUE   WED THU   FRI   SAT

JAN | FEB | MAR | APR | MAY | JUN | JUL | AUG | SEP | OCT | NOV | DEC

1 2 3 4 5 6 7 8 9 10 11 12 13 14 15 16 17 18 19 20 21 22 23 24 25 26 27 28 29 30 31

MEETING TOPIC:

ACTION ITEMS:　　　**NOTES:**

MEETING TOPIC:

ACTION ITEMS:	NOTES:

NYEEMNUTMPOL

RIKTES

DOILYAH

RETMIENETR

OEND

TEESIRDPN

TEEVOIRM

NIELDMSS

UNSCRAMBLE EACH OF THE CLUE WORDS.

TAKE THE LETTERS THAT APPEAR IN BOXES AND
UNSCRAMBLE THEM FOR THE FINAL MESSAGE.

SUN   MON   TUE   WED   THU   FRI   SAT

JAN | FEB | MAR | APR | MAY | JUN | JUL | AUG | SEP | OCT | NOV | DEC

1 2 3 4 5 6 7 8 9 10 11 12 13 14 15 16 17 18 19 20 21 22 23 24 25 26 27 28 29 30 31

MEETING TOPIC:

ACTION ITEMS: | **NOTES:**

SUN   MON   TUE   WED   THU   FRI   SAT

JAN | FEB | MAR | APR | MAY | JUN | JUL | AUG | SEP | OCT | NOV | DEC

1 2 3 4 5 6 7 8 9 10 11 12 13 14 15 16 17 18 19 20 21 22 23 24 25 26 27 28 29 30 31

MEETING TOPIC:

ACTION ITEMS:	NOTES:

JAN | FEB | MAR | APR | MAY | JUN | JUL | AUG | SEP | OCT | NOV | DEC

1 2 3 4 5 6 7 8 9 10 11 12 13 14 15 16 17 18 19 20 21 22 23 24 25 26 27 28 29 30 31

MEETING TOPIC:

ACTION ITEMS: **NOTES:**

SUN	MON	TUE	WED	THU	FRI	SAT

JAN | FEB | MAR | APR | MAY | JUN | JUL | AUG | SEP | OCT | NOV | DEC

1 2 3 4 5 6 7 8 9 10 11 12 13 14 15 16 17 18 19 20 21 22 23 24 25 26 27 28 29 30 31

MEETING TOPIC:

ACTION ITEMS:

NOTES:

SUN   MON TUE WED THU FRI SAT

JAN | FEB | MAR | APR | MAY | JUN | JUL | AUG | SEP | OCT | NOV | DEC

1 2 3 4 5 6 7 8 9 10 11 12 13 14 15 16 17 18 19 20 21 22 23 24 25 26 27 28 29 30 31

MEETING TOPIC:

ACTION ITEMS: **NOTES:**

SUN   MON   TUE   WED   THU   FRI   SAT

JAN | FEB | MAR | APR | MAY | JUN | JUL | AUG | SEP | OCT | NOV | DEC

1 2 3 4 5 6 7 8 9 10 11 12 13 14 15 16 17 18 19 20 21 22 23 24 25 26 27 28 29 30 31

MEETING TOPIC:

ACTION ITEMS:	**NOTES:**

SUN   MON   TUE   WED   THU   FRI   SAT

JAN | FEB | MAR | APR | MAY | JUN | JUL | AUG | SEP | OCT | NOV | DEC

1 2 3 4 5 6 7 8 9 10 11 12 13 14 15 16 17 18 19 20 21 22 23 24 25 26 27 28 29 30 31

MEETING TOPIC:

ACTION ITEMS: **NOTES:**

SUN   MON   TUE   WED   THU   FRI   SAT

JAN | FEB | MAR | APR | MAY | JUN | JUL | AUG | SEP | OCT | NOV | DEC

1 2 3 4 5 6 7 8 9 10 11 12 13 14 15 16 17 18 19 20 21 22 23 24 25 26 27 28 29 30 31

MEETING TOPIC:

ACTION ITEMS:	NOTES:

I WAS AT AN INTENSIVE THREE DAY WORKSHOP ON CONFLICT RESOLUTION.

by Roddy Thorleifson   no rights reserved

SUN   MON   TUE   WED   THU   FRI   SAT

JAN | FEB | MAR | APR | MAY | JUN | JUL | AUG | SEP | OCT | NOV | DEC

1 2 3 4 5 6 7 8 9 10 11 12 13 14 15 16 17 18 19 20 21 22 23 24 25 26 27 28 29 30 31

MEETING TOPIC:

ACTION ITEMS:	NOTES:

SUN   MON   TUE   WED   THU   FRI   SAT

JAN | FEB | MAR | APR | MAY | JUN | JUL | AUG | SEP | OCT | NOV | DEC

1 2 3 4 5 6 7 8 9 10 11 12 13 14 15 16 17 18 19 20 21 22 23 24 25 26 27 28 29 30 31

MEETING TOPIC:

ACTION ITEMS: | **NOTES:**

SUN   MON   TUE   WED   THU   FRI   SAT

JAN | FEB | MAR | APR | MAY | JUN | JUL | AUG | SEP | OCT | NOV | DEC

1 2 3 4 5 6 7 8 9 10 11 12 13 14 15 16 17 18 19 20 21 22 23 24 25 26 27 28 29 30 31

MEETING TOPIC:

ACTION ITEMS:	**NOTES:**

| | SUN | MON | TUE | WED | THU | FRI | SAT |

JAN | FEB | MAR | APR | MAY | JUN | JUL | AUG | SEP | OCT | NOV | DEC

1 2 3 4 5 6 7 8 9 10 11 12 13 14 15 16 17 18 19 20 21 22 23 24 25 26 27 28 29 30 31

MEETING TOPIC:

ACTION ITEMS: **NOTES:**

SUN MON TUE WED THU FRI SAT

JAN | FEB | MAR | APR | MAY | JUN | JUL | AUG | SEP | OCT | NOV | DEC

1 2 3 4 5 6 7 8 9 10 11 12 13 14 15 16 17 18 19 20 21 22 23 24 25 26 27 28 29 30 31

MEETING TOPIC:

ACTION ITEMS: | **NOTES:**

SUN   MON   TUE   WED   THU   FRI   SAT

JAN | FEB | MAR | APR | MAY | JUN | JUL | AUG | SEP | OCT | NOV | DEC

1 2 3 4 5 6 7 8 9 10 11 12 13 14 15 16 17 18 19 20 21 22 23 24 25 26 27 28 29 30 31

MEETING TOPIC:

ACTION ITEMS:	**NOTES:**

SUN   MON   TUE   WED   THU   FRI   SAT

JAN | FEB | MAR | APR | MAY | JUN | JUL | AUG | SEP | OCT | NOV | DEC

1 2 3 4 5 6 7 8 9 10 11 12 13 14 15 16 17 18 19 20 21 22 23 24 25 26 27 28 29 30 31

MEETING TOPIC:

ACTION ITEMS:	NOTES:

SUN   MON TUE WED THU FRI SAT

JAN | FEB | MAR | APR | MAY | JUN | JUL | AUG | SEP | OCT | NOV | DEC

1 2 3 4 5 6 7 8 9 10 11 12 13 14 15 16 17 18 19 20 21 22 23 24 25 26 27 28 29 30 31

MEETING TOPIC:

ACTION ITEMS: | **NOTES:**

A	B	C	D	E	F	G	H	I	J	K	L	M	N	O	P	Q	R	S	T	U	V	W	X	Y	Z
							M						V	W					X						

H _ _ _ _ N _ _ T _ M _ _ _ _ _ T H _ N _ _ T H _
M J E U   J W   E Q X   V Q   J A Q Z X M B W S   X M B T

| SUN | MON | TUE | WED | THU | FRI | SAT |

JAN | FEB | MAR | APR | MAY | JUN | JUL | AUG | SEP | OCT | NOV | DEC

1 2 3 4 5 6 7 8 9 10 11 12 13 14 15 16 17 18 19 20 21 22 23 24 25 26 27 28 29 30 31

MEETING TOPIC:

ACTION ITEMS: **NOTES:**

SUN   MON   TUE   WED   THU   FRI   SAT

JAN | FEB | MAR | APR | MAY | JUN | JUL | AUG | SEP | OCT | NOV | DEC

1 2 3 4 5 6 7 8 9 10 11 12 13 14 15 16 17 18 19 20 21 22 23 24 25 26 27 28 29 30 31

MEETING TOPIC:

ACTION ITEMS: | **NOTES:**

SUN   MON   TUE   WED   THU   FRI   SAT

JAN | FEB | MAR | APR | MAY | JUN | JUL | AUG | SEP | OCT | NOV | DEC

1 2 3 4 5 6 7 8 9 10 11 12 13 14 15 16 17 18 19 20 21 22 23 24 25 26 27 28 29 30 31

MEETING TOPIC:

ACTION ITEMS: | **NOTES:**

SUN   MON   TUE   WED   THU   FRI   SAT

JAN | FEB | MAR | APR | MAY | JUN | JUL | AUG | SEP | OCT | NOV | DEC

1 2 3 4 5 6 7 8 9 10 11 12 13 14 15 16 17 18 19 20 21 22 23 24 25 26 27 28 29 30 31

MEETING TOPIC:

ACTION ITEMS: | **NOTES:**

SUN   MON   TUE   WED   THU   FRI   SAT

JAN | FEB | MAR | APR | MAY | JUN | JUL | AUG | SEP | OCT | NOV | DEC

1 2 3 4 5 6 7 8 9 10 11 12 13 14 15 16 17 18 19 20 21 22 23 24 25 26 27 28 29 30 31

MEETING TOPIC:

ACTION ITEMS:	**NOTES:**

SUN   MON   TUE   WED   THU   FRI   SAT

JAN | FEB | MAR | APR | MAY | JUN | JUL | AUG | SEP | OCT | NOV | DEC

1 2 3 4 5 6 7 8 9 10 11 12 13 14 15 16 17 18 19 20 21 22 23 24 25 26 27 28 29 30 31

MEETING TOPIC:

ACTION ITEMS: | **NOTES:**

SUN   MON   TUE   WED   THU   FRI   SAT

JAN | FEB | MAR | APR | MAY | JUN | JUL | AUG | SEP | OCT | NOV | DEC

1 2 3 4 5 6 7 8 9 10 11 12 13 14 15 16 17 18 19 20 21 22 23 24 25 26 27 28 29 30 31

MEETING TOPIC:

ACTION ITEMS: **NOTES:**

SUN   MON   TUE   WED   THU   FRI   SAT

JAN | FEB | MAR | APR | MAY | JUN | JUL | AUG | SEP | OCT | NOV | DEC

1 2 3 4 5 6 7 8 9 10 11 12 13 14 15 16 17 18 19 20 21 22 23 24 25 26 27 28 29 30 31

MEETING TOPIC:

ACTION ITEMS:	NOTES:

SUN   MON   TUE   WED   THU   FRI   SAT

JAN | FEB | MAR | APR | MAY | JUN | JUL | AUG | SEP | OCT | NOV | DEC

1 2 3 4 5 6 7 8 9 10 11 12 13 14 15 16 17 18 19 20 21 22 23 24 25 26 27 28 29 30 31

MEETING TOPIC:

ACTION ITEMS: **NOTES:**

SUN   MON TUE WED THU FRI SAT

JAN | FEB | MAR | APR | MAY | JUN | JUL | AUG | SEP | OCT | NOV | DEC

1 2 3 4 5 6 7 8 9 10 11 12 13 14 15 16 17 18 19 20 21 22 23 24 25 26 27 28 29 30 31

MEETING TOPIC:

ACTION ITEMS: | **NOTES:**

SUN   MON   TUE   WED   THU   FRI   SAT

JAN | FEB | MAR | APR | MAY | JUN | JUL | AUG | SEP | OCT | NOV | DEC

1 2 3 4 5 6 7 8 9 10 11 12 13 14 15 16 17 18 19 20 21 22 23 24 25 26 27 28 29 30 31

MEETING TOPIC:

ACTION ITEMS: **NOTES:**

SUN   MON   TUE   WED   THU   FRI   SAT

JAN | FEB | MAR | APR | MAY | JUN | JUL | AUG | SEP | OCT | NOV | DEC

1 2 3 4 5 6 7 8 9 10 11 12 13 14 15 16 17 18 19 20 21 22 23 24 25 26 27 28 29 30 31

MEETING TOPIC:

ACTION ITEMS: | **NOTES:**

SUN MON TUE WED THU FRI SAT

JAN | FEB | MAR | APR | MAY | JUN | JUL | AUG | SEP | OCT | NOV | DEC

1 2 3 4 5 6 7 8 9 10 11 12 13 14 15 16 17 18 19 20 21 22 23 24 25 26 27 28 29 30 31

MEETING TOPIC:

ACTION ITEMS:	**NOTES:**

IT SAYS THAT FOR ONLY $250⁰⁰ THEY CAN PROTECT ME FROM MAIL FRAUD!

by Roddy Thorleifson   no rights reserved

SUN   MON   TUE   WED   THU   FRI   SAT

JAN | FEB | MAR | APR | MAY | JUN | JUL | AUG | SEP | OCT | NOV | DEC

1 2 3 4 5 6 7 8 9 10 11 12 13 14 15 16 17 18 19 20 21 22 23 24 25 26 27 28 29 30 31

MEETING TOPIC:

ACTION ITEMS: | **NOTES:**

SUN   MON   TUE   WED   THU   FRI   SAT

JAN | FEB | MAR | APR | MAY | JUN | JUL | AUG | SEP | OCT | NOV | DEC

1 2 3 4 5 6 7 8 9 10 11 12 13 14 15 16 17 18 19 20 21 22 23 24 25 26 27 28 29 30 31

MEETING TOPIC:

ACTION ITEMS: | **NOTES:**

SUN   MON   TUE   WED   THU   FRI   SAT

JAN | FEB | MAR | APR | MAY | JUN | JUL | AUG | SEP | OCT | NOV | DEC

1 2 3 4 5 6 7 8 9 10 11 12 13 14 15 16 17 18 19 20 21 22 23 24 25 26 27 28 29 30 31

MEETING TOPIC:

ACTION ITEMS: | **NOTES:**

SUN   MON TUE WED THU FRI SAT

JAN | FEB | MAR | APR | MAY | JUN | JUL | AUG | SEP | OCT | NOV | DEC

1 2 3 4 5 6 7 8 9 10 11 12 13 14 15 16 17 18 19 20 21 22 23 24 25 26 27 28 29 30 31

MEETING TOPIC:

ACTION ITEMS: | **NOTES:**

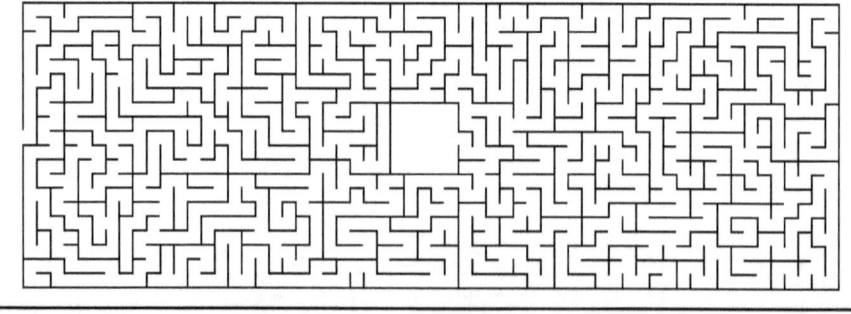

SUN   MON   TUE   WED   THU   FRI   SAT

JAN | FEB | MAR | APR | MAY | JUN | JUL | AUG | SEP | OCT | NOV | DEC

1 2 3 4 5 6 7 8 9 10 11 12 13 14 15 16 17 18 19 20 21 22 23 24 25 26 27 28 29 30 31

MEETING TOPIC:

ACTION ITEMS:	NOTES:

SUN MON TUE WED THU FRI SAT

JAN | FEB | MAR | APR | MAY | JUN | JUL | AUG | SEP | OCT | NOV | DEC

1 2 3 4 5 6 7 8 9 10 11 12 13 14 15 16 17 18 19 20 21 22 23 24 25 26 27 28 29 30 31

MEETING TOPIC:

ACTION ITEMS: | **NOTES:**

SUN   MON   TUE   WED   THU   FRI   SAT

JAN | FEB | MAR | APR | MAY | JUN | JUL | AUG | SEP | OCT | NOV | DEC

1 2 3 4 5 6 7 8 9 10 11 12 13 14 15 16 17 18 19 20 21 22 23 24 25 26 27 28 29 30 31

MEETING TOPIC:

ACTION ITEMS: | **NOTES:**

SUN   MON   TUE   WED   THU   FRI   SAT

JAN | FEB | MAR | APR | MAY | JUN | JUL | AUG | SEP | OCT | NOV | DEC

1 2 3 4 5 6 7 8 9 10 11 12 13 14 15 16 17 18 19 20 21 22 23 24 25 26 27 28 29 30 31

MEETING TOPIC:

ACTION ITEMS:	NOTES:

I HATE MONDAYS, TUESDAYS, WEDNESDAYS, THURSDAYS, AND HALF OF FRIDAYS.
- ANONYMOUS

	SUN	MON	TUE	WED	THU	FRI	SAT

JAN | FEB | MAR | APR | MAY | JUN | JUL | AUG | SEP | OCT | NOV | DEC

1 2 3 4 5 6 7 8 9 10 11 12 13 14 15 16 17 18 19 20 21 22 23 24 25 26 27 28 29 30 31

MEETING TOPIC:

ACTION ITEMS:	NOTES:

SUN   MON TUE   WED THU   FRI   SAT

JAN | FEB | MAR | APR | MAY | JUN | JUL | AUG | SEP | OCT | NOV | DEC

1 2 3 4 5 6 7 8 9 10 11 12 13 14 15 16 17 18 19 20 21 22 23 24 25 26 27 28 29 30 31

MEETING TOPIC:

ACTION ITEMS: **NOTES:**

SUN   MON   TUE   WED   THU   FRI   SAT

JAN | FEB | MAR | APR | MAY | JUN | JUL | AUG | SEP | OCT | NOV | DEC

1 2 3 4 5 6 7 8 9 10 11 12 13 14 15 16 17 18 19 20 21 22 23 24 25 26 27 28 29 30 31

MEETING TOPIC:

ACTION ITEMS:	NOTES:

SUN   MON   TUE   WED   THU   FRI   SAT

JAN | FEB | MAR | APR | MAY | JUN | JUL | AUG | SEP | OCT | NOV | DEC

1 2 3 4 5 6 7 8 9 10 11 12 13 14 15 16 17 18 19 20 21 22 23 24 25 26 27 28 29 30 31

MEETING TOPIC:

ACTION ITEMS: **NOTES:**

WHAT'S THE DIFFERENCE BETWEEN THE GENERAL MANAGER, THE PRESIDENT AND THE C.E.O ?

WELL SONNY, IT'S SORT OF LIKE THE DIFFERENCE BETWEEN THE HEAD HONCHO, THE TOP DOG, AND THE BIG CHEESE.

SUN   MON   TUE   WED   THU   FRI   SAT

JAN | FEB | MAR | APR | MAY | JUN | JUL | AUG | SEP | OCT | NOV | DEC

1 2 3 4 5 6 7 8 9 10 11 12 13 14 15 16 17 18 19 20 21 22 23 24 25 26 27 28 29 30 31

MEETING TOPIC:

ACTION ITEMS: | **NOTES:**

SUN   MON   TUE   WED   THU   FRI   SAT

JAN | FEB | MAR | APR | MAY | JUN | JUL | AUG | SEP | OCT | NOV | DEC

1 2 3 4 5 6 7 8 9 10 11 12 13 14 15 16 17 18 19 20 21 22 23 24 25 26 27 28 29 30 31

MEETING TOPIC:

ACTION ITEMS:	NOTES:

SUN   MON   TUE   WED   THU   FRI   SAT

JAN | FEB | MAR | APR | MAY | JUN | JUL | AUG | SEP | OCT | NOV | DEC

1 2 3 4 5 6 7 8 9 10 11 12 13 14 15 16 17 18 19 20 21 22 23 24 25 26 27 28 29 30 31

MEETING TOPIC:

ACTION ITEMS: | **NOTES:**

SUN   MON   TUE   WED   THU   FRI   SAT

JAN | FEB | MAR | APR | MAY | JUN | JUL | AUG | SEP | OCT | NOV | DEC

1 2 3 4 5 6 7 8 9 10 11 12 13 14 15 16 17 18 19 20 21 22 23 24 25 26 27 28 29 30 31

MEETING TOPIC:

ACTION ITEMS:	**NOTES:**

PUZZLE ANSWERS

A	B	C	D	E	F	G	H	I	J	K	L	M	N	O	P	Q	R	S	T	U	V	W	X	Y	Z
			J			V	Q				B	N						G							

M Y **G O A L** **M A K E** **I T** **T O** **T H E** **W E E K E N D**
B U   V E F M   B F A D   H G   G E   G Q D   Z D D A D N J

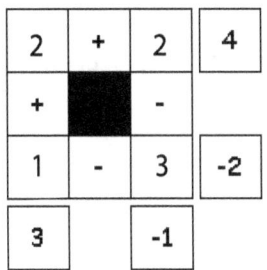

2	+	2	4
+		-	
1	-	3	-2
3		-1	

A	B	C	D	E	F	G	H	I	J	K	L	M	N	O	P	Q	R	S	T	U	V	W	X	Y	Z
	U					A	J				D	N													

B   **N**   **G** **B**   **N G**   **H** **M**   **H**
U K C P N B C C   M P A   U T P N A C   J I D B   R J B

B   **N**
U X O I N

BUSINESS PIG BRINGS HOME THE BACON

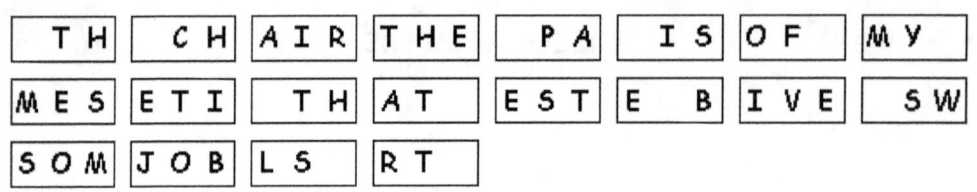

| TH | CH | AIR | THE | PA | IS | OF | MY |

| MES | ETI | TH | AT | EST | E | B | IVE | SW |

| SOM | JOB | LS | RT |

THE BEST PART OF MY JOB IS THAT THE CHAIR SWIVELS

NYEEMNUTMPOL — UNEMPLOYMENT
RIKTES — STRIKE
DOILYAH — HOLIDAY
RETMIENETR — RETIREMENT
OEND — DONE
TEESIRDPN — PRESIDENT
TEEVOIRM — OVERTIME
NIELDMSS — MINDLESS

EMPLOYEE

A	B	C	D	E	F	G	H	I	J	K	L	M	N	O	P	Q	R	S	T	U	V	W	X	Y	Z
							M					V	W						X						

H _ _ _   N _   T M _   _ _ _ _ _ _   TH _ N   TH _ _
M J E U   J W   E Q X   V Q J A Q Z X M B W S   X M B T

HOLD ON LET ME OVERTHINK THIS

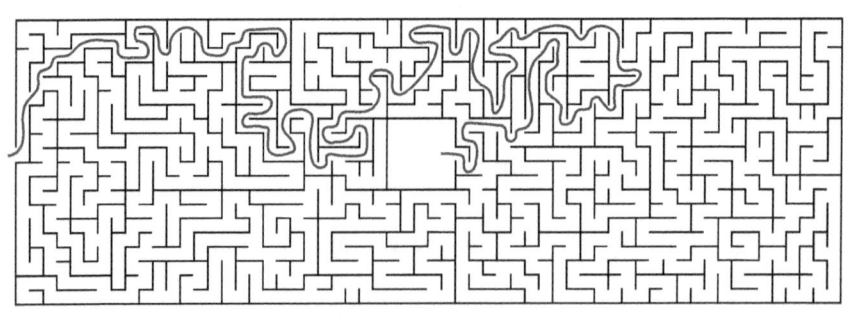

www.ingramcontent.com/pod-product-compliance
Lightning Source LLC
Chambersburg PA
CBHW051203170526
45158CB00013B/672